Charles Lévêque

Du sommeil et du somnambulisme au point de vue psychologique

Le savoir
en poche

ISBN : 978-1546606215

10 9 8 7 6 5 4 3 2 1

Charles Lévêque

Du sommeil et du somnambulisme au point de vue psychologique

Le savoir
en poche

Table de Matières

Introduction

« L'homme, a dit Pascal, n'est ni ange ni bête. » Ange, l'homme n'aurait pas ce corps qu'il traîne avec lui ; bête, il n'aurait pas de raison ; mais il a une âme raisonnable et libre dans un corps qui enveloppe cette âme. Par son âme, il tient de l'ange : c'est sa grandeur, il doit l'accepter et s'en faire gloire. Par son corps, il tient de la bête : c'est sa misère, il faut qu'il s'y résigne.

Là est le point de départ, là aussi est la difficulté de la science de l'homme. Si j'étais un pur esprit, la science de mon être s'épuiserait dans les limites de la seule psychologie. Si je n'étais que matière, Broussais serait mon maître, et je lirais le secret de ma nature dans ces tristes paroles qui furent comme l'expression suprême de sa foi : « L'âme est un cerveau agissant, et rien de plus. » Mais ni les spiritualistes n'ont jamais, de notre, temps, douté de l'existence du corps, ni Broussais n'a pu méconnaître absolument, en dépit de ses colères, le principe spirituel qui pense dans l'homme. Lui et ses partisans ont eu beau faire, ils n'ont pu ne pas entendre la voix de leur conscience proclamant l'âme immatérielle plus haut cent fois que ne la niaient leurs systèmes. Les contradictions inévitables où ils sont tombés, l'influence croissante de l'école spiritualiste, et pardessus tout sans doute la force de l'évidence, devaient amener et ont amené effectivement entre la psychologie et la physiologie, depuis longtemps en lutte, un heureux rapprochement.

Pourquoi ce rapprochement est-il de fraîche date, et à l'heure où nous sommes encore peu connu ? La faute en est à tout le monde. Chacun a eu des torts qu'il est superflu de rappeler. Toutefois, si l'on reprochait trop sévèrement aux philosophes d'être de médiocres physiologistes, ils pourraient répondre à leur décharge qu'après le règne prolongé du matérialisme, ils avaient à remplir un devoir urgent, et qu'il s'agissait avant tout de rétablir l'âme dans ses droits et d'en remettre en honneur la science discréditée. Ce devoir a été accompli. Et ce qui prouve que c'était bien là, le plus pressé, c'est que les clartés vives sinon complètes, que la philosophie a répandues sur l'homme invisible ont dessillé les yeux des médecins chez qui ce n'était point un parti pris de n'affirmer que ce qui se dissèque, et que depuis lors on s'est trouvé dans la situation de deux bons voisins disposés à s'entendre, si quelque œuvre se présentait à entreprendre en commun.

Cette œuvre était d'avance indiquée : c'était la solution des pro-

Charles Lévêque

blèmes que chacune des deux sciences réduite à elle-même est impuissante à résoudre. Comment en effet, sans la double connaissance de l'âme et du corps, traiter avec quelque succès par exemple la question si intéressante et si compliquée de la folie ? C'est donc sur ce terrain que les philosophes partis du for intérieur de l'âme et les physiologistes partis des régions du cerveau se sont rencontrés. Là, au lieu de se livrer, comme en d'autres temps, une guerre inutile, ou de se tourner le dos avec dédain, on tâche aujourd'hui de mettre en commun efforts et lumières. On a même formé une société où des philosophes et des médecins, apportent, pour les discuter, les résultats de ; leurs observations [1]. Ces débats, régulièrement publiés, composent avec d'autres fragments un important recueil [2]. En outre, des physiologistes, éminents agitent de grands problèmes d'anthropologie dans des ouvrages sérieux, où ils n'hésitent pas, à se déclarer hautement spiritualistes, et où ils s'honorent d'avoir pour maîtres les chefs de la philosophie, française. C'est donc un fait que, depuis quelques années, un rapprochement s'est opéré entre la science du corps et la science de l'esprit.

Quels fruits ce commencement d'alliance a-t-il produits jusqu'ici ? La connaissance de l'homme y a-t-elle gagné ? Le spiritualisme s'en est-il bien trouvé ? Je crois pour ma part que cet accord a été fort utile. Pour le prouver, il suffit de passer en revue les ouvrages publiés depuis Maine de Biran jusqu'à ces dernières années sur une des questions qui appellent le plus impérieusement le concours des deux sciences, la question du sommeil. L'homme endormi a cela de très remarquable que, même dans une situation régulière et saine, il est le modèle en raccourci de tous les états morbides de l'âme dont la physiologie a coutume de s'occuper. L'homme qui dort et qui rêve est le commencement d'un somnambule, puisque, malgré l'engourdissement partiel de ses organes, il parle, crie et remue ses membres ; — il est semblable à un crisiaque, puisqu'il partage jusqu'à un certain point son insensibilité physique et son exaltation intellectuelle ; — il est encore semblable à un somnambule magnétique, puisque parfois, comme celui-ci, il laisse sans s'éveiller un agent extérieur diriger son rêve ; — enfin il est semblable à un fou, puisqu'il est toujours halluciné, et, sauf quelques cas très rares, toujours dupe de son hallucination. Or ce type premier, quoique incomplet, de tous les états morbides de l'âme, chacun le porte en soi-même, car chacun dort, et peut par conséquent l'observer beaucoup plus aisément que le somnambulisme, les crises nerveuses et la folie. Ainsi quiconque veut procéder sagement, c'est-à-dire aller du plus simple au plus compliqué, et du connu à l'inconnu, doit étudier l'homme endormi avant de considérer le somnambule, le crisiaque et l'homme en démence. L'Académie des Sciences morales, qui a mis au concours la question du sommeil, et qui n'a point encore proposé celle de la folie, semble avoir implicitement indiqué cette marche. De leur côté, les physiologistes et les psychologues l'ont adoptée, — les premiers en faisant, comme M. Lélut dans son livre sur *l'Amulette de Pascal*, de l'analyse du rêve et des sensations nocturnes la préface de la théorie de l'hallucination, — les seconds, comme MM. Lemoine et a Maury, en cherchant dans le sommeil ordinaire l'explication du somnambulisme et des prétendus prodiges de l'extase magnétique. De toutes les questions mixtes posées à la fois par les deux sciences, celle du sommeil est donc non-seulement la première dans l'ordre méthodique, mais la première aussi dont les deux sciences aient abordé ensemble la solution. C'est là qu'il sera possible d'apercevoir dès à présent ce que peuvent la psychologie et la physiologie quand elles s'accordent.

Voyons donc comment elles répondent aujourd'hui aux questions suivantes que comprend l'étude du sommeil : Le corps et l'âme dorment-ils ou non d'un sommeil complet et absolu ? — Quelle est l'influence du corps endormi sur l'âme endormie et réciproquement, et quelle différence y a-t-il au juste entre dormir et veiller ? — Quel jour la connaissance du sommeil jette-t-elle sur les états mystérieux tels que le somnambulisme naturel, les crises nerveuses, l'extase magnétique ? Dans ces états, l'homme a-t-il des facultés extraordinaires qui lui dévoilent l'invisible ? n'est-il au contraire qu'un pauvre malade, ou un halluciné qui divague, au lieu d'être un oracle à consulter ? — Que penser enfin de ceux qui cherchent la dignité et la grandeur de l'âme immortelle dans ces états désordonnés plutôt que dans la veille libre et lucide ? — Si les deux sciences, éclairées l'une par l'autre, répondent beaucoup mieux aujourd'hui à ces questions qu'au temps de leurs hostilités, leur rapprochement est heureux et mérite d'être encouragé.

Section I

La science n'a pas à se demander si le corps de l'homme dort : la question serait puérile ; mais le sommeil du corps est-il l'absolu repos, c'est-à-dire l'inertie ? L'inertie d'un repos d'où la vie serait totalement absente se rencontre-t-elle quelque part dans la nature ? Telle est la première question que soulève l'étude du sommeil. La nuit qui étend son rideau de ténèbres entre nos yeux et la scène de l'univers semble en même temps condamner au silence et à l'immobilité les innombrables acteurs qui s'agitent sur cette scène tant que le jour l'éclaire. Comme tout se tait alors autour de l'homme, il croit que le sommeil s'est emparé de la nature entière ; mais personne ne confond ce sommeil des êtres avec une interruption absolue des fonctions de leur vie. Chacun le sent : dormir n'est pas mourir.

La science confirme cette pensée et la précise : elle dit quels êtres dorment, quels autres ne dorment pas ; elle dit déjà, et dira mieux encore plus tard, en quoi consiste le sommeil pour les uns et pour les autres. Elle affirme avec certitude que le sommeil n'est pas la mort, non pas même la mort momentanée, la mort d'un hiver, la mort d'une nuit.

Les êtres inorganisés ne vivent pas ; on ne peut donc dire ni qu'ils dorment ni qu'ils meurent. On ne voit pas qu'ils se reposent. Les astres roulent sans relâche, emportés à la fois et retenus dans leur orbite par une force infatigable. Dans les montagnes, au fond des cavernes, le rocher s'effeuille, la source filtre, la stalactite allonge ses pointes aussi bien la nuit que le jour. Au sein de l'obscurité ou à la pâle clarté des étoiles, la mer ronge ses rivages, le torrent se précipite, le fleuve coule sans trêve, soumis à la loi fatale de la pesanteur. « Mais peut-être, dit M. Lélut, qu'en y regardant, on trouverait que durant la nuit les actions des minéraux, ou plutôt l'action des fluides impondérables, des fluides électrique, magnétique, électro-magnétique, qui les traversent, les meuvent, les unissent ou les disjoignent, cette action est notablement diminuée [3]. » Peut-être. Et dans ce cas, la nature inorganique aurait, elle aussi, son existence nocturne ; mais cet état spécial qu'on pourrait à peine nommer un repos, jamais un sommeil, serait encore un reste de mouvement, une action ralentie et sourde, moins différente de la vie que de)a mort.

Si l'on monte d'un degré l'échelle de l'existence, cette permanence de l'action et bientôt de la vie elle-même sous les trompeuses apparences de l'inerte immobilité se manifeste par des signes certains. Aristote a dit avec raison que, dépourvue de sensibilité et de la faculté de se mouvoir, la plante n'a pas besoin de repos comme l'animal, et que par conséquent elle ne dort pas. Soit ; mais la plante a sa vie diurne, vie d'épanouissement où elle s'ouvre avec abandon aux pénétrantes influences du ciel, et sa vie de huit, plus timide, plus lente, plus secrète. Aussitôt que le soleil élève son disque au-dessus de l'horizon, les plantes, ces filles de la lumière, se tournent vers le levant, et, déployant leurs feuilles, s'offrent sans réserve, tout entières, à l'astre dont les rayons les animent. Dès lors elles respirent avec force : elles absorbent l'air, le décomposent, fixent le carbone dans leurs plus intimes tissus, et exhalent l'oxygène. Plus la lumière devient éclatante et vive, plus aussi est actif en elles l'exercice de cette fonction organique. Tel est leur impérieux besoin de lumière ; que si vous les placez dans une serre que le jour ne frappe que d'un côté, elles tordront leurs branches et dirigeront leurs feuilles vers les vitraux. Ce phénomène si intéressant, et que l'on nomme héliotropie, est la visible manifestation de la vie diurne des végétaux. Que la nuit se fasse, naturelle ou artificielle, la plante, par un mouvement contraire, resserré et replie ses feuilles. Une certaine espèce de balsamine applique pendant la nuit contre sa tige ses feuilles qu'elle tient horizontales pendant le jour : elles se bombent et s'arrondissent alors légèrement, et les fleurs vont se réfugier sous cet abri naturel, comme des poussins sous les ailes étendues de leur mère. Dira-t-on qu'à partir de ce moment jusqu'à l'aube la plante est morte, ou du moins qu'elle n'agit plus ? On se tromperait. Elle continue de respirer en cet état ; mais sa respiration est inverse : ainsi contractée, elle absorbe l'oxygène de l'air et exhale l'acide carbonique. Cette contraction des feuilles, cette rigidité parfois insurmontable, cette respiration différente, voilà le sommeil des plantes. Est-ce un véritable repos ? On l'ignore. À coup sûr, si c'est une vie moindre, ce n'est pas une suspension de la vie.

Chez les animaux, nous rencontrons à la fois la sensibilité, la locomotion, la dépense quotidienne des forces vitales, et le besoin de les réparer par le repos, c'est-à-dire par le sommeil. « Les graves, dit M. Lemoine, ne s'épuisent pas à tomber dans l'espace, l'aimant n'use point sa puissance magnétique à attirer le fer, ni la pile sa force électrique à dégager le fluide ; mais la torpille use la sienne à chacune de ses décharges. » Or en quoi consiste le repos de l'animal ? A quelle limite s'arrête la diminution de son énergie vigilante ? Va-t-elle jusqu'à la mort, et son réveil est-il absolument une renaissance ? Si l'on veut s'en assurer, que l'on considère, non le sommeil quotidien de l'animal, mais ce sommeil annuel plus profond, pendant lequel la vie se cache si complètement, qu'il est permis à l'observateur ordinaire d'en révoquer en doute la continuation. Eh bien ! dans les derniers replis de ces enveloppes engourdies et froides, dans ces corps paralysés, ensevelis, desséchés même, un reste de vie couve qui, comme une étincelle, jaillira quand il sera temps et rallumera le feu de l'existence. Ne nous laissons pas prendre aux apparences : sans doute, au fur et à mesure que l'assoupissement augmente, la respi-

Charles Lévêque

ration diminue ; toutefois elle persévère. Dans l'assoupissement modéré, la marmotte fait encore sept ou huit inspirations par minute, le hérisson quatre ou cinq, le loir neuf ou dix. Peu à peu cependant la chaleur baisse, l'oxygène se dépense, il s'épuise. Quand il n'en reste plus un seul atome, l'animal ne respire plus. Est-ce-la mort ? Pas encore. Le sommeil même n'est pas complet. Qu'il augmente, qu'il opprime lourdement l'animal, le principe vital échappera à son empire. En effet la circulation, infiniment ralentie, n'a pas néanmoins cessée ce qui suppose dans le cœur un mouvement encore persistant et même régulier. Bien qu'affaiblies, les fonctions nutritives, s'exercent dans une mesure égale à celle de l'assoupissement ; elles continuent à tendre vers leur but de conservation. Les savants citent telle marmotte qui, réveillée tout à coup par une cause quelconque, a pris de la nourriture et s'est rendormie après pour plusieurs mois. Enfin la sensibilité et la contractilité musculaires, prodigieusement engourdies pendant l'hibernation, n'ont pas pour cela disparu comme dans la mort complète. Le cœur d'un animal hivernant tué en léthargie donnait jusqu'à quatre légères pulsations par minute trois heures après la décapitation.

Ainsi les plus infimes animaux ne dorment pas absolument : leur sommeil n'est qu'une moindre vie. La nuit des plantes elles-mêmes est occupée et active. Se pourrait-il que le corps de ce *vivant*, comme Leibniz appelle l'homme, dormît d'un sommeil plus intense et plus semblable à la mort ? Non, ces yeux qui nagent et se ferment, ce visage dont les traits perdent peu à peu toute expression, ces bras et ces mains qui mollissent, ce corps qui s'abandonne comme une masse inerte à la pesanteur qui l'entraîne, et qui semble attester clairement l'épuisement total et la défaite des organes, ne donnent le change ni au simple bon sens, ni surtout à la science. Si frais et si calme que soit le sommeil de l'enfant, si profond que soit celui du laboureur brisé par sa rude journée, nous savons que les tempes et le pouls battent, que la poitrine se gonfle et s'abaisse régulièrement, et que par conséquent les fonctions de la circulation et de la respiration s'accomplissent pendant le sommeil non moins bien, et peut-être mieux, que pendant la veille. Aussi les physiologistes, qui ne l'ignorent pas, se gardent-ils de dire que le sommeil est la suspension des actes de la vie nutritive. Ils savent que les organes de cette vie ont d'autres moyens de se reposer, et que si leur mouvement s'arrêtait court, la mort s'ensuivrait. « La cause qui suspend la respiration et la circulation, dit Bichat, suspend et même anéantit la vie, pour peu qu'elle soit prolongée. » On voit par-là que, pendant le sommeil, les organes de la vie végétative veillent et continuent leur œuvre : sur ce point, les physiologistes ont raison et sont d'accord ; mais où ils se trompent, c'est quand ils définissent le sommeil « la suspension de la vie de relation. » Cette suspension n'est jamais complète. Nos yeux ont beau être fermés, le voile qui les recouvre n'est pas tellement épais qu'une lumière un peu vive ne les pénètre et n'arrive jusqu'à la rétine. Nos autres sens, relâchés, mais nullement défendus contre les impressions du dehors, demeurent soumis à l'action des choses extérieures et la ressentent souvent. « Il se peut quelquefois, dit Aristote, que pendant le sommeil on sente en partie le bruit, la lumière, la saveur, le contact, mais faiblement, il est vrai, et comme de très loin. » S'il en est ainsi, la vie de relation est chez le dormeur plutôt diminuée à un haut degré que suspendue, et surtout supprimée. À ce compte, le sommeil du corps n'est ni l'inertie ni la mort ; c'est la vie végétative tout entière et la vie de relation considérablement amoindrie, mais toutefois persistante.

Dans ce corps toujours vivant quoique engourdi, que fait l'âme ? dort-elle ? veille-t-elle ? Si elle dormait absolument, si tout s'arrêtait en elle, le penser, l'agir, le sentir, tout serait dit, et la psychologie du sommeil, n'ayant plus d'objet, serait impossible. Cependant l'âme rêve quelquefois ; rêver, c'est une manière de penser, et penser peu ou beaucoup, bien ou mal, c'est veiller. Il est donc incontestable que l'âme de l'homme endormi veille souvent ; aussi ne le conteste-t-on pas. Ce que l'on prétend, et le docteur Bertrand est de cet avis, c'est qu'il y a un certain sommeil, un sommeil complet, dans lequel toutes les fonctions de l'âme sont interrompues. Là est la difficulté sérieuse de la question. Tous les spiritualistes l'ont vue, et se sont efforcés de la résoudre. Y ont-ils réussi ? Pas tout à fait : ils en font eux-mêmes l'aveu. Néanmoins, s'ils n'ont pu démontrer rigoureusement qu'un sommeil absolu de l'âme est impossible, ils ont donné à cette thèse un haut degré de probabilité.

Quels faits les partisans du sommeil absolu apportent-ils en faveur de leur doctrine ? Un seul, et ce fait, c'est que si l'âme veillait toujours pendant le sommeil, elle rêverait toujours, et que si elle rêvait toujours, elle s'en souviendrait au réveil. À cela MM. Jouffroy, Lélut et Lemoine répondent justement qu'on rêve fort souvent sans en garder mémoire, et que tel par exemple qui a pleuré et parlé en dormant est tout surpris d'en être informé le lendemain par ceux dont ses cris ont troublé le repos. Plusieurs psychologues répondent encore avec Aristote que le souvenir n'est pas la seule trace que laissent après eux nos rêves. Il se peut que les dispositions tristes ou gaies de la veille

Charles Lévêque

soient un écho affaibli des agitations du sommeil, et même que ces intimes ressentiments aillent jusqu'à produire certains actes de notre journée. Maine de Biran a eu cette idée, et l'a exprimée fortement. « Qui sait, dit-il, si quelques songes affreux, tels que pouvaient en faire un Néron, un Marat, un Robespierre, n'ont pas contribué quelquefois à exaspérer dans ces tigres féroces l'aveugle passion du crime et à préparer pour le lendemain de nouvelles proscriptions, de nouveaux actes d'atrocité ? » L'âme rêve donc et veille par conséquent beaucoup plus souvent que le souvenir ne l'atteste.

Mais enlevons-lui si l'on veut cette veille secrète des songes dorés ou lugubres qui l'enchantent ou l'affligent ; supposons (car nous ne l'admettons pas encore, la preuve n'en ayant pas été donnée) un sommeil exempt de tout rêve : nous ne ferons pas que le corps du dormeur ne soit pas étendu sur une couche dure ou molle, chaude ou froide, et qu'il ne le sente pas confusément ; nous ne ferons pas que ses oreilles soient fermées comme ses yeux, et que ces sentinelles, forcément un peu vigilantes, ne recueillent pas de temps en temps quelque bruit et ne le portent au centre cérébral. Ces sensations, ces bruits, l'âme n'en tiendra peut-être aucun compte ; mais ils auront pénétré jusqu'à elle, et l'auront associée dans une mesure quelconque à cette veille imperceptible de quelques-uns de ses organes. Est-ce trop encore, et ce reste de communication avec la réalité extérieure paraît-il impossible dans l'extrême torpeur du corps ? Au moins faudra-t-il accorder à la science actuelle que l'âme est intimement unie à son cerveau et qu'elle en ressent tous les mouvements, grands ou petits. Toute la vie du corps aboutit au centre cérébral, qui résume cette vie, et à l'âme, qui la réfléchit, parce que, selon le mot original et profond de Leibniz, *l'âme exprime toujours son corps*. « Alors, dit M. Lemoine, commentant avec finesse cette formule concise, cette infinité de petits mouvements dont la vie résulte ou dont elle est la cause, de chatouillements inappréciables, de frôlements d'atomes qui se heurtent ou se séparent, le soulèvement de la poitrine, les battements du cœur, des artères, le cours du sang et de tous les liquides, forment en somme une cause plus que capable d'émouvoir l'âme d'une sensation quelconque. » Que dans le sommeil le plus lourd dans celui qu'on nomme sommeil de plomb, l'âme en soit réduite là, qu'elle ne perçoive plus, dans ce tombeau du corps, comme disait Socrate, où elle est ensevelie, que le bruit des grains de sable qui s'en détachent, mais enfin qu'elle le perçoive, il suffit, elle sent, elle veille, et il n'y a jamais pour elle de sommeil absolu.

À ces raisons de fait s'en ajoute une autre d'une grande force :

c'est que, dans un sommeil véritablement absolu, l'âme, ne sentant, n'agissant, ne pensant plus, n'aurait par conséquent aucune manière d'exister ; elle serait donc morte. Que de morts à ce compte et que de résurrections dans la vie d'une âme ! Or l'âme ne meurt jamais, ni plusieurs fois, ni une seule. Lancée dans la vie, elle y marche sans halte, sans retour. Le repos de l'âme n'est qu'un moindre travail, ses temps d'arrêt qu'une course ralentie, son sommeil qu'une moindre veille. Un de nos maîtres dont l'autorité en pareille matière est incontestée, M. Adolphe Garnier, objecte ici que, dans le sommeil absolu, l'âme ne serait pas morte, mais seulement *en puissance*, et toujours prête à passer à l'*acte*, comme ces blés retrouvés dans les cercueils des momies d'Égypte et qui, ayant conservé à l'état latent pendant des siècles leur puissance de germination, ont produit, une fois remis en terre des tiges énormes et de superbes épis. À cela je pourrais répliquer : Pourquoi le blé des momies ne serait-il pas demeuré tout ce temps à l'état de force tendue, s'essayant, mais en vain, faute de conditions favorables, à produire son effet ? Rien ne prouve le contraire. Or un tel effort serait de l'action encore. Dans ces régions de la force invisible, où ma raison et ma conscience m'éclairent, je conçois bien une force agissant infiniment peu, assez peu même pour ne point, s'user en quatre mille années ; mais une force absolument inerte, j'ai beau faire, je ne la comprends pas plus que ne la comprenait Leibniz.

Section II

Le sommeil du corps et le sommeil de l'âme ne sont donc qu'une *moindre veille* : voilà ce que dit la science actuelle de l'homme, et nous l'en croyons. Si pourtant elle s'arrêtait là, nous n'en saurions assez ni sur le sommeil lui-même, ni sur les états morbides que l'étude du sommeil doit servir à expliquer jusqu'à un certain point. Il faut donc que la science aille plus loin, et qu'elle nous enseigne en quoi consistent au juste l'activité nocturne du corps et la vie endormie de l'esprit, et en quel état leur réciproque influence place le principe spirituel.

Maine de Biran et Jouffroy, MM. Lélut et Lemoine sont unanimes à reconnaître que l'âme ne dort pas absolument. Seulement ces divers philosophes n'accordent pas à l'âme endormie un égal degré d'activité, ni aux organes la même part d'influence sur l'esprit pendant le sommeil. Dans un fragment célèbre, Jouffroy affirme que

« l'esprit pendant le sommeil n'est point dans un état spécial, mais qu'il marche et se développe absolument comme dans la veille. » Et dans cette analyse, d'ailleurs si remarquable, les organes sont, peu s'en faut, oubliés. Maine de Biran au contraire réduit notre pensée de la nuit à n'être que l'écho de certains organes, moins engourdis que les autres. Enfin M. Lélut est plus équitable ; il donne un peu plus au corps que Jouffroy, un peu plus à l'âme que Maine de Biran. M. Lemoine a essayé de concilier ces trois solutions et d'en fournir une plus approfondie, plus complète. Selon lui, l'âme est en même temps servie et asservie par les organes, servie plus qu'asservie pendant la veille, asservie plus que servie pendant le sommeil. L'âme éveillée gouverne, l'âme endormie est gouvernée soit ; mais en quoi et comment ?

L'état le plus fréquent, sinon habituel, du dormeur, c'est le rêve. Ces engourdissements presque léthargiques dans lesquels l'âme endormie ne sentirait plus que comme une chrysalide sont des exceptions, et ce qui intéresse la science, ce sont les cas ordinaires. C'est donc dans le rêve qu'il faut chercher la forme habituelle du sommeil, la mesure de cet empire des organes qui réduit l'âme en servitude.

Dans cette veille imparfaite de l'homme que nous nommons le rêve, le corps a beau jeu Au moyen du petit nombre d'organes que la torpeur a épargnés et dont il peut disposer encore, il trompe l'âme, et il la trompe impunément, parce que, privée de tout moyen de contrôle, elle est désarmée contre l'erreur. Or l'erreur a lieu de deux manières. Il arrive que les nerfs, affectés à leur extrémité périphérique par un objet extérieur, apportent à l'âme des sensations vraies, mais incomplètes. L'âme, qui ne perçoit ces sensations qu'indistinctement, les travestit et les rapporte à une cause chimérique : par exemple, mon feu mal éteint jette tout à coup pendant la nuit une gerbe de flammes et d'étincelles ; je vois sans m'éveiller cette clarté à travers le voile de mes paupières, et je crois assister à l'éruption du Vésuve. C'est là l'illusion. Il arrive aussi que les nerfs, affectés, non plus à leur extrémité, mais à un point quelconque de leur parcours intérieur, produisent des sensations sans objet extérieur, et que l'âme attribue ces sensations à une cause existant réellement en dehors de ma personne. Ainsi les oreilles me tintent : je crois entendre le tocsin. Voilà l'hallucination. Sensations externes vraies, mais incomplètes, sensations internes et fausses, voilà ce que le corps apporte pour sa part dans le travail de notre vie nocturne. Je n'insiste pas sur ce double phénomène : on en trouvera l'analyse approfondie dans les travaux de MM, Lélut et Brierre de Boismont et dans les comptes-rendus de la Société médico-psychologique. Je me borne à dire en passant, et par esprit de justice, que sur le phénomène si important de l'hallucination la physiologie est, jusqu'ici du moins, en avance sur la psychologie.

Après avoir déterminé le rôle du corps dans la vie endormie, les récents observateurs ont décrit celui de l'âme, et selon moi avec une grande exactitude, quoique la tâche fût difficile, car l'histoire des songes peut facilement tourner au roman. Voici les faits intéressants qu'ils ont éclaircis : l'âme est passive dans le sommeil parce qu'elle subit la loi des organes, qui lui transmettent des sensations qu'elle n'a pas cherchées et qu'elle ne peut éloigner ; mais elle est active aussi, d'une activité qu'il importe de reconnaître sans l'exagérer. En présence des éléments que ses organes lui imposent, loin de rester oisive, elle déploie une certaine énergie. Elle prend tels quels les débris de sensations qui lui arrivent, y ajoute ses souvenirs anciens ou récents, et avec ces vagues perceptions du présent, ces lambeaux du passé, avec ces couleurs criardes et ces formes sans rapport et sans analogie, elle compose des tableaux où il y a quelque unité, des scènes où il y a quelque suite. Son œuvre, ainsi cousue de cent pièces diverses, n'est, si l'on veut, qu'un habit d'arlequin, mais enfin c'est un habit. Cette logique des rêves mérite l'attention parce qu'elle explique en grande partie les prétendus prodiges de certains états analogues au sommeil. Soutenue par la mémoire et par l'imagination et guidée par la mécanique de l'habitude, à propos d'une sensation actuelle, elle remet quelquefois l'esprit dans la voie où il marchait avant le sommeil, et l'y lance avec une puissance telle qu'il atteint, comme par enchantement, le but jusque-là vainement poursuivi. Voilà comment en songe Condillac achevait un chapitre de philosophie, Voltaire une ode, Tartini sa *sonate du diable*, et comment Franklin endormi découvrait le nœud longtemps cherché d'une affaire difficile.

Il est cependant un phénomène curieux où cette activité nocturne de l'âme éclate avec une force singulière. Les fausses sensations dont l'hallucination est la conséquence vont le plus souvent des nerfs au cerveau et du cerveau à l'âme ; mais quelquefois aussi c'est l'inverse qui a lieu. L'âme, en proie à une préoccupation violente ou seulement vive, peut à son tour exciter les nerfs, les mettre en jeu, les placer dans les conditions de la sensation, et y créer cette sensation dans toute son intensité. Alors l'esprit voit et entend en l'absence de tout objet visible et sonore. Ce phénomène se produit en pleine veille chez l'aliéné, et même chez les hommes dont la raison est saine. Ceux-ci peuvent croire à leur hallucination sans pour cela devenir fous. Seulement ils n'y croient pas d'ordinaire, ils ne s'en servent que pour se rendre matériellement présents les objets de leurs études favorites. Phidias voyait devant lui le Jupiter d'Homère, qu'il sculptait dans l'ivoire. Raphaël contemplait cette Galatée dont aucune beauté vivante n'avait su lui offrir le modèle. Beethoven, devenu sourd, entendait, et à la lettre, les sonates qu'il composait. Ce phénomène, que M. Lélut appelle *transformation sensoriale ou retour des idées à leur point de départ*, est habituel chez le dormeur. Aux fragments de perceptions vraies et aux fausses perceptions qui lui viennent des organes il ajoute les sensations que sa pensée exaltée réalise physiologiquement dans son cerveau, et qui y retentissent comme les plus énergiques sensations de la vie éveillée et normale. Telle est l'importante analogie du sommeil avec la folie et avec les autres états anormaux de l'âme. La science en devait tenir grand compte, et la philosophie en particulier devra étudier de près ces hallucinations qui, sans cesse mêlées aux opérations de l'esprit dans la veille ordinaire, quoique à un moindre degré, sont de véritables idées-images [4]. En ce qui touche notre sujet, elles manifestent d'une façon frappante l'activité de l'âme endormie.

Je dois signaler un dernier point sur lequel les physiologistes et les psychologues tombent d'accord. L'expérience atteste qu'au milieu de la torpeur de nos organes un sens peut rester tout à fait éveillé et parler à l'âme un langage d'autant plus net et d'autant mieux écouté, que, les autres sens étant muets, l'attention de l'esprit n'est point partagée. Il y a toujours pour lui, qu'on me passe le mot, éclipse de la réalité ; mais ce n'est qu'une éclipse partielle, et qui met en plus grande lumière ce qu'elle ne cache pas. Telle personne parfaitement endormie entend les questions qu'on lui adresse, y répond et prend part à une conversation suivie ; mais ce n'est pas elle, qui la dirige, c'est son partenaire qui tient le fil du discours et qui peut aussi, par cela même, conduire le rêve du dormeur. Ce phénomène, bien connu des artisans du magnétisme, montre jusqu'à quel point le sommeil peut ressembler à la veille active et même extérieure.

Cette activité est telle et si variée, que toutes les facultés de l'âme y prennent part. Bien qu'entraînées au gré des organes qui les dominent, elles n'ont alors ni changé de nature ni éprouvé d'altération essentielle dans leur mode d'action ; on ne conserve aucun doute sur ce point, quand on a lu les ingénieuses et lucides analyses de M. Lemoine. Il n'y a pas jusqu'à la raison elle-même qui, dans le dévergondage des songes, ne continue parfois à apercevoir ses éternels objets, le beau, le bien et, sinon la vérité actuelle et passagère, au moins la vérité immuable. Chez le dormeur, le sentiment du beau s'émeut souvent à l'aspect des visions aimables et brillantes, tandis que la laideur lui inspire, comme en l'état de veille, d'insurmontables dégoûts. Le sens moral redouble en lui d'énergie ; la voix du remords, qu'aucun bruit ne couvre, l'obsède maintes fois sans pitié. Il voit si nettement la vérité mathématique, que maint problème posé pendant la veille se résout sans effort dans le travail de la nuit. Le langage de la raison n'est jamais absolument sans écho : l'âme du dormeur le répète ; il est dans la bouche de l'insensé et sur les lèvres de l'enfant. Ce fait est de grande conséquence ; qui saurait le creuser y trouverait contre l'empirisme et le scepticisme un nouvel ordre d'arguments. Je regrette que M. Lemoine n'ait pas cru devoir y insister plus fortement.

Que manque-t-il donc à l'activité si multiple du sommeil pour être une veille véritable ? Il y manque la liberté. Dans l'âme de l'homme endormi, tout vit, tout marche ; rien n'est librement conduit. Le pouvoir directeur ne s'exerce plus. Les chevaux galopent, le char roule ; seulement les rênes sont tombées des mains du cocher. Tous les psychologues ont constaté cette défaillance nocturne de la liberté ; c'est dans les rapports de l'âme avec le corps qu'on en peut le mieux saisir la raison. Être libre, c'est pouvoir choisir entre ses idées, accepter les vraies et rejeter les fausses ; c'est encore, et essentiellement, choisir entre plusieurs motifs d'action, s'arrêter par exemple au motif honnête et repousser le motif égoïste. Toutefois les organes qui ont pris le dessus ne laissent au dormeur ni l'un ni l'autre choix. Ses nerfs, qui mettent l'imagination en branle, lui infligent de fausses sensations dont il est fatalement la dupe, n'ayant plus par où les contrôler. Quant aux raisons d'agir, comment les pourrait-il peser et comparer, si l'hallucination ne lui en montre absolument qu'une, le poussant d'ailleurs dans ce sens unique avec toute la violence de l'angoisse ou du délire ? Ainsi il a encore ses plus nobles puissances, la raison et l'activité ; mais le corps dont il subit le joug, lui en a ravi le libre usage. Voilà pourquoi les actions accomplies en rêve n'ont aucun caractère moral. Denys était le plus fou de tous les tyrans lorsqu'il faisait périr l'un de ses capitaines nommé Marsyas « pour autant, dit Plutarque, qu'il avait songé qu'il le tuait, disant que cette vision lui était venue la nuit en dormant parce que le jour, en veillant, il avait proposé de le faire. » Nul homme de sens ne voudrait punir l'auteur d'un crime commis en songe. Il y a six ans, à Naples, un mari, rêvant que sa femme endormie à ses côtés lui était infidèle, la frappa d'un poignard qui ne le quittait jamais. Cet homme était-il un assassin ? Ni plus ni moins que ce moine qui, croyant en rêve que le prieur

Charles Lévêque

avait tué sa mère, se leva sans s'éveiller, et alla donner trois grands coups de couteau dans le lit heureusement vide de son supérieur. Celui-ci se borna à fermer désormais pendant la nuit la cellule du religieux somnambule. Son devoir s'arrêtait là.

C'est qu'en effet le dormeur ne s'appartient plus. Il ne sait plus au juste s'il est dans le vrai ou dans le faux, s'il fait le bien ou le mal. C'est toujours un être libre, mais qui se repose, comme le disent MM. Lélut et Charma, et dont le repos consiste, non à ne plus penser ni à ne plus sentir, mais à ne plus vouloir, et surtout à oublier ses peines. Son sommeil est une veille encore, mais une veille machinale, sans fruit pour la vertu et ordinairement pour la vérité. L'esprit, selon ses lois naturelles, n'est fécond que dans l'action libre, ou dans cette inspiration virile que la liberté a préparée par le travail, méritée par la vertu de l'effort, et dont elle gouverne les élans.

Section III

On le voit : si, pendant le sommeil, l'ange veille encore, c'est en subissant plus que jamais le joug de la bête, qui habituellement l'empêche de déployer ses ailes, et qui ne l'enlève quelquefois de terre et ne le fait voler un instant vers la lumière que pour le laisser retomber bientôt en bas et dans les ténèbres.

Dans le somnambulisme, les crises nerveuses et l'extase magnétique, l'âme ne porte pas moins le poids de son corps que quand elle dort son vulgaire sommeil de chaque nuit. Ces états ne la font ni plus noble, ni plus capable de pénétrer l'avenir impénétrable. Ils ne font qu'augmenter sa fièvre et enflammer son délire ; de là ces vifs éclairs d'intelligence si passagers, et mêlés de tant d'erreurs, de là encore chez le somnambule cette activité précise et industrieuse qui nous étonne. Brillant ou vulgaire toutefois, un rêve est toujours un rêve, et le dormeur, sauf de bien rares exceptions, est une âme devenue le jouet de son corps. Voilà ce que la philosophie spiritualiste croit pouvoir affirmer. Nous avons dit que le sommeil était une *moindre veille* ; la science arrivera sans doute à prouver que le somnambulisme et l'extase ne sont en quelque sorte qu'une *surexcitation du sommeil.*

Et d'abord, dans le simple sommeil, le somnambule n'a pas d'autres facultés que le dormeur ordinaire ; seulement il les exerce plus habilement, par l'effet d'une plus grande irritabilité nerveuse. Les faits semblent d'abord contredire une pareille assertion et mettre entre le simple dormeur et le somnambule d'extrêmes différences. Voici, entre autres, un exemple de somnambulisme cité par le docteur Bertrand. Gassendi avait pour valet un jeune homme qui se levait la nuit, descendait à la cave et tirait du vin. D'autres fois il allait à la salle à manger, dressait la table, mettait le couvert, faisait tous les préparatifs d'un repas et servait d'imaginaires convives ; ou bien il prenait un flambeau et reconduisait des visiteurs chimériques jusqu'à leur carrosse, aussi invisible qu'eux-mêmes. Y a-t-il entre ces actes et ceux d'un dormeur qui reste au lit un motif de comparaison ? Oui sans doute, avec de l'attention on ne peut manquer d'apercevoir que le commencement de ces opérations somnambuliques s'annonce dans un dormeur quelque peu nerveux et actif. Celui-ci ne marchera pas, mais il changera de position sans se réveiller. Il ne mettra pas le couvert, mais il fera des gestes pour écarter un fantôme. Il prononcera distinctement certains mots, il ira même jusqu'à suivre une conversation, interrogeant et répondant tour à tour. Il rira aux éclats, il pleurera à chaudes larmes. Entre les mouvemens du premier et ceux du second y a-t-il, au fond, une autre différence que la différence de degré ? Donnez à celui-ci une organisation nerveuse plus irritable : tout ce qu'il rêve, il le mimera. L'exécution matérielle des mouvemens sera plus parfaite, mais ce seront toujours des mouvemens. On insiste pourtant ; ce qui est naturel est trop simple, il faut du merveilleux. Le merveilleux est moins vrai, mais il est plus piquant. On prétend que le somnambule a évidemment une seconde vue puisqu'il agit très adroitement dans une complète obscurité, puisqu'il s'y dirige avec une précision qui rend ses démarches infaillibles. Ce phénomène perd une partie au moins de son apparence merveilleuse, si l'on remarque tout d'abord que le somnambule n'agit jamais que dans le cercle de ses plus familières habitudes, et qu'il ne se sert que d'objets dont la place, la forme, la dimension, le poids, la couleur, lui sont très connus. Voilà ce que Maine de Biran a nettement vu et montré aux psychologues ses successeurs, qui ont su en tirer parti. Il rapporte un curieux exemple de somnambulisme. Une jeune fille, atteinte d'une affection nerveuse assez compliquée, tombait naturellement dans un sommeil où ses sens s'engourdissaient l'un après l'autre, surtout l'ouïe et la vue. En cet état d'assoupissement, elle montait à un étage supérieur de la maison, s'asseyait devant une table, choisissait parmi des écheveaux de soie de couleur différente et continuait dans la perfection une broderie commencée. D'où lui venait cette adresse de fée ? Pur mécanisme d'habitude, aidé du spectacle intérieur des objets de son travail favori. Elle écrivait

Charles Lévêque

aussi et très correctement, toujours dans l'obscurité ; mais écrire, c'est encore un mouvement que conduit l'habitude, et le dormeur ordinaire se meut, quoique avec moins de précision. Le somnambule est une machine montée par l'accoutumance, mise en mouvement par le rêve, et qui va, infaillible comme toute machine, jusqu'au moment où quelque chose vient à l'improviste se jeter dans ses rouages.

D'ailleurs il ne faudrait pas affirmer d'une façon trop absolue que, dans l'accomplissement de son œuvre nocturne, le somnambule n'est éclairé que par son imagination et n'est conduit que par l'habitude. Il est au moins probable qu'il trouve un utile auxiliaire dans tel ou tel de ses sens momentanément éveillé et que, parmi les perceptions que ce sens lui apporte, inattentif à celles qui lui sont indifférentes, il tire parti de celles qui se rattachent à l'objet de sa préoccupation. C'est tantôt le goût, tantôt la vue, tantôt l'ouïe, qui s'éveille ainsi et s'exerce un instant. Le somnambule Castelli fut surpris un soir traduisant de l'italien en français, cherchant des mots dans un dictionnaire et paraissant s'éclairer d'une lumière placée sur sa table. On éteignit cette lumière, aussitôt il alla en tâtonnant la rallumer à la cuisine sans s'apercevoir que la chambre était éclairée par des chandelles autres que la sienne. Ainsi il avait vu la clarté de la sienne, et non celle des autres, dont il n'avait su que faire. Il semble donc que le somnambule puisse à la fois voir et ne voir pas, — voir ce qui l'intéresse, non le reste. De tels faits ne sont certes pas en faveur de l'hypothèse d'une seconde vue. Avant de supposer dans l'homme l'existence de sens nouveaux, sachons d'abord exactement tout ce dont sont capables les sens ordinaires, soit qu'ils agissent isolément, soit qu'ils se prêtent un mutuel secours.

On serait moins pressé d'accorder aux somnambules des facultés supérieures et en dehors de la nature, si l'on se hâtait moins de les proclamer infaillibles. Aucun homme éveillé n'est à l'abri de l'erreur : comment un homme endormi le serait-il ? Et, en fait, les somnambules n'ont pas le privilège d'infaillibilité. « Le somnambulisme n'est qu'une particularité du sommeil ordinaire, dont quelques-uns des accidens les plus simples et les plus fréquens prennent des proportions inaccoutumées [5]. »

Mais il est un autre somnambulisme que celui qui commence et s'achève dans le simple sommeil ; il est des états organiques autres que le somnambulisme ordinaire, et qui placent l'âme dans des conditions différentes de celles de la veille. Nous n'aurions pas noté tous les récens progrès de la science des rapports de l'âme et du corps, nous en négligerions le côté le plus nouveau et le plus curieux, si nous omettions de dire quelles analogies cette science constate entre le sommeil et l'extase morbide, et quelles lumières elle en tire pour l'explication de quelques-uns au moins des phénomènes que présentent certaines crises nerveuses. « Il suffit de la plus simple érudition, dit M. Brierre de Boismont, pour reconnaître l'extase chez les pythonisses de l'antiquité, les initiés aux différens mystères, les sectes fameuses du moyen âge, les possédés, les convulsionnaires, les trembleurs, les crisiaques, les illuminés [6]. » Mais le savant aliéniste ajoute qu'il ne faut pas confondre l'extase physiologique, qui ne trouble nullement la raison, et qui n'est que le plus haut degré de l'enthousiasme, la suprême puissance de la raison inspirée par l'amour, avec l'extase morbide, qui tantôt paralyse le corps tout entier en le jetant dans une torpeur invincible, et tantôt au contraire surexcite les organes au point d'en porter l'action et celle de l'âme qu'ils desservent à un degré d'énergie surprenant. Cette dernière espèce d'extase se produit également dans la catalepsie, l'hystérie et la manie. Les signes qui la caractérisent sont, entre autres, l'insensibilité absolue, l'exaltation prodigieuse des facultés de l'esprit, le déplacement des sens, la vue à distance sans le secours des yeux, la prévision, l'instinct des remèdes et le pouvoir de parler des langues étrangères ou inconnues. Relativement à ces faits, la science se pose deux questions : Sont-ils certains ? Ont-ils une suffisante explication dans les lois de l'union de l'âme et du corps ?

Quelque extraordinaires que soient les phénomènes de l'extase morbide sous ses formes variées, ils sont généralement mieux constatés qu'expliqués. À moins de nier l'évidence, on est forcé d'en admettre un grand nombre qu'attestent les plus recommandables autorités. Parmi ceux dont la certitude est démontrée, la science actuelle en explique facilement quelques-uns par l'influence du corps sur l'âme et de l'âme sur le corps. Elle estime que la plupart ont leurs analogues dans les phénomènes ordinaires du somnambulisme naturel, du sommeil et même de la veille, et elle en conclut que ni le corps ni l'âme n'y échappent aux conditions de leur nature.

C'est par exemple un éternel sujet d'étonnement et d'hypothèses ingénieuses que le spectacle de l'insensibilité des cataleptiques. On ne peut croire que la nature aille jusque-là. Tout le monde sait que l'on pince un cataleptique, qu'on lui enfonce des épingles dans la chair qu'on lui brûle la peau avec un fer rouge, sans qu'il manifeste la moindre douleur. M. Bersot cite [7] une jeune fille de vingt-trois ans, Jeanne Mouler, convulsionnaire, qui, debout et le dos appuyé contre

Charles Lévêque

la muraille, recevait dans l'estomac et dans le ventre cent coups d'un chenet pesant de vingt-neuf à trente livres. Un jour les coups qui n'avaient pu que la soulager, appliqués de la même force contre un mur, y firent une ouverture d'un demi-pied de large. Voilà qui semble tenir du prodige. Cependant, si de tels faits sont rares, jetons les yeux autour de nous : nous remarquerons chaque jour des phénomènes analogues à ceux-là et que pourtant nous ne rapportons point à des causes surnaturelles. Les exemples d'insensibilité sont très fréquens dans la vie normale, éveillée ou endormie. Duhamel et Dutillet ont vu des filles de la campagne rester pendant dix minutes dans un four à la température de cent quarante degrés centigrades. Il y a tel paysan que ne réveillent ni les cris, ni les coups les plus vigoureusement assénés. D'ailleurs la vapeur de l'éther, ou celle du chloroforme, ne procure-t-elle pas une insensibilité qui permet de supporter sans souffrance les plus cruelles opérations de la chirurgie ? On ne suppose pas en pareil cas que l'âme a quitté son corps : pourquoi donc le supposer à l'égard de l'extatique ? Sans invoquer des exemples trop singuliers ou extrêmes, il est prouvé que la distraction, quand elle est forte, va jusqu'à supprimer la souffrance. Un soldat grièvement blessé dans la chaleur de l'action continue à se battre sans rien sentir. Le mathématicien Viète, absorbé par ses calculs, reste trois jours sans nourriture. Qu'est-il besoin après cela de multiplier les hypothèses ? Il est au pouvoir de l'âme d'habituer son corps aux souffrances ; il est en son pouvoir d'oublier, sans la quitter, sa misérable enveloppe, en s'exaltant par de puissantes émotions ou en s'abîmant au plus profond de ses pensées.

Quelquefois le phénomène est inverse. Au lieu d'une torpeur comateuse, au lieu d'une immobilité léthargique, c'est une violente surexcitation de toutes les puissances physiques et spirituelles. Le crisiaque alors débite d'éloquens discours, de poétiques tirades. Son intelligence, vulgaire à l'état normal, s'élève maintenant et lance des éclairs. Dirons-nous que son âme ignorante a été remplacée par une autre âme instruite et inspirée ? Mais une grande joie, une vive indignation, une furieuse colère suggèrent aussi d'éloquens discours. L'ivresse en fait autant : *Fecundi calices quem non fecere disertum* ? Et, comme le dit Boileau,

On a vu le vin et le hasard

Inspirer quelquefois une muse grossière,

Et fournir, sans génie, un couplet à Linière.

Un crisiaque est un halluciné comme le dormeur ordinaire. Si le dormeur ordinaire parlait ses rêves, s'il s'agitait de tout son corps, ses paroles et ses mouvemens ne seraient ni plus ni moins étonnans que ceux du crisiaque. L'irritation excessive du cerveau ou de quelqu'une de ses parties peut surexciter démesurément et les sens, et même, les facultés de l'esprit. Concentrée à l'intérieur et sur un organe, la vie dans son intensité maladive exalte l'âme et la fait se dépasser elle-même de beaucoup. « C'est ainsi que tous les discours du mourant prennent un caractère sublime et d'autant plus touchant que le malade, faisant ses derniers adieux à cette terre qu'il va quitter, semble commencer déjà un autre mode d'existence [8]. »

Croirons-nous, comme on le prétend, que les sens du crisiaque, somnambule ou extatique, se déplacent réellement ? Croirons-nous qu'il peut parler des langues étrangères, prescrire instinctivement d'efficaces remèdes et enfin prévoir l'avenir ?

Le docteur Pététin déclara en 1787 avoir observé un cataleptique qui voyait, entendait et sentait par le creux de l'estomac et même par le bout des doigts et des orteils. Selon lui, la cause de ces faits était l'électricité animale, accumulée sur certains points du corps. Selon les magnétiseurs, cette cause n'était autre que le magnétisme. Selon la science actuelle, ce n'est ni l'un ni l'autre de ces agens. Bien observé, le phénomène se réduit à un des effets ordinaires de l'union de l'âme et du corps. Un homme absorbé dans ses réflexions n'entend pas votre voix qui l'appelle ; vous le touchez du doigt, il vous entend. Faut-il en conclure que son ouïe a passé dans son bras ? Un malade qui souffre d'un mal local dort, brisé par la fatigue : vous lui parlez, il reste sourd ; mais en lui parlant, effleurez seulement la partie endo-lorie de son corps, il vous répondra. De même, le cataleptique, chez lequel la crise nerveuse a irrité le plexus solaire et engourdi l'oreille, n'entend que lorsque l'air, mis en mouvement par la voix, a ébranlé le siège ordinaire de ses sensations externes, l'épigastre : communiqué au cerveau, cet ébranlement l'excite, et cette excitation à son tour rend à l'oreille son habileté, à l'esprit sa force attentive. Toutefois ces effets se succèdent avec une telle rapidité, que le siège de la première sensation paraît se confondre avec celui de la dernière. Voilà qui est clair et intelligible, tandis que personne ne comprend que l'estomac ou le gros orteil usurpe et remplisse les fonctions de l'oreille.

Je ne voudrais pas insister trop longtemps sur cette analyse psy-chologique des crises nerveuses. Quelques mots encore cependant, afin que le lecteur apprécie bien les avantages d'une sage méthode philosophique.

Charles Lévêque

On a toujours fait grand bruit de l'instinct des remèdes et du don particulier de parler des langues étrangères qui se remarquent chez les somnambules et les crisiaques. En ce qui touche l'instinct des remèdes, la crédulité est poussée fort loin ; mais que l'on réduise le fait à ses limites vraies, qu'on en ôte ce qui ne peut s'y rencontrer, c'est-à-dire des connaissances spéciales en pathologie et en thérapeutique, que restera-t-il ? Un instinct naturel de conservation que possèdent les animaux et les sauvages, et qui, inactif ou négligé dans la vie éveillée et normale, se ranime chez le dormeur, le malade, le crisiaque ou le somnambule, pour leur indiquer le point précis de leur corps que le mal menace ou attaque, et leur suggérer par une rapide induction la pensée de quelque facile remède. Si la prescription du crisiaque suppose et contient davantage, si elle s'adresse non à un mal qui lui soit propre, mais à la maladie d'autrui, pariez presque à coup sûr que ce qu'il s'imagine inventer à l'instant même, il l'avait autrefois appris, et qu'il ne fait que s'en souvenir. Les crises nerveuses en effet communiquent à la mémoire une rare énergie, grâce à laquelle un détail longtemps oublié revient soudainement à l'esprit et fait l'illusion d'une science sur-le-champ devinée. Le docteur Bertrand en rapporte un exemple qui est à noter. Une somnambule, dit-il, ayant ordonné une tisane en termes peu communs, l'assistance admira l'intelligence qui lui avait révélé à la fois et le breuvage et la formule. L'étonnement redoubla à son réveil, quand elle déclara elle-même ne rien entendre à son ordonnance. Chacun criait au prodige, lorsqu'entra une dame qui dissipa d'un mot l'erreur et l'étonnement. Elle raconta que, encore enfant, la somnambule, fille d'une femme herboriste, avait cherché dans la campagne avec sa mère les plantes qu'elle venait de nommer doctement, et qu'elle-même avait accompagné la mère et l'enfant dans leurs recherches. La prétendue divination de cette jeune fille n'était qu'un lointain souvenir évoqué, au milieu de la crise, par un effort de réminiscence.

Le don, généralement attribué aux crisiaques, de parler des langues étrangères qu'ils n'ont point apprises se réduit à peu près aux mêmes proportions et s'explique de la même manière que l'instinct des remèdes. Si cette langue, morte ou vivante, est un idiome véritable, cherchez bien dans le passé du crisiaque, et vous ne manquerez pas de reconnaître qu'autrefois, ici ou là, il a appris dans ses classes ou entendu et retenu sans étude quelques lambeaux de latin ou d'anglais qu'aujourd'hui, sous l'influence de l'exaltation nerveuse, il recoud et débite avec l'aplomb de la fièvre.

Les somnambules et les crisiaques peuvent, dit-on, prévoir l'avenir, et l'on en produit des exemples qui sont à confondre la raison. Il est des phénomènes de ce genre que la science ne prétend pas expliquer, il en est d'autres qui ne sont pas assez certifiés ; mais il y en a aussi, et de fort extraordinaires, qui, dépouillés des fausses circonstances dont la crédulité les enveloppe, rentrent dans l'ordre des faits scientifiques. L'homme dans l'état de veille connaît jusqu'à un certain point l'avenir et l'annonce parfois sans se tromper. Ses inductions, nous l'avons vu, il les continue dans ses rêves avec une spontanéité qui, si elles se vérifient, les rend plus dignes de remarque. Le somnambule et le crisiaque sont en cela semblables au dormeur. Comme à ce dernier, l'hallucination colorée, animée, sensible à l'égal de la réalité même, présente au crisiaque un tableau où il croit voir l'avenir à l'état de phénomène actuel. L'a-t-il vu en effet ? Et comment le pourrait-il, si l'avenir, n'existe pas encore ? Il a conjecturé ce qu'il prédit, il affirme hardiment sa conjecture : l'événement la confirme, et il aurait fort bien pu ne pas s'y accommoder ; puisque cent fois pour une les assertions du crisiaque ont été vaines. S'il lui arrive de rencontrer juste, ce n'est pas qu'il ait percé le mystère de l'avenir, c'est que le fait s'est ajusté à son assertion. Avant de trop admirer, faites exactement le décompte des cas où son délire l'a trompé, et « au lieu de recourir au merveilleux pour rendre raison du peu qui reste, il sera plus sensé de dire avec Aristote : Si vous lancez Beaucoup de flèches, vous finirez toujours par attraper quelque chose. »

Telles sont sur les phénomènes les mieux constatés de l'extase morbide les assertions mesurées autant que justes de la science actuelle. Ce qu'elle en dit, elle l'a appris de la psychologie et de la physiologie à la fois. Sachons enfin ce que l'une et l'autre lui ont enseigné touchant la nature et les causes de l'état appelé magnétisme animal ou somnambulisme artificiel.

Ce n'est pas ici le lieu de raconter l'histoire anecdotique et critique du magnétisme animal depuis Mesmer jusqu'à ces derniers temps [9]. Ce que nous avons à rechercher, c'est si l'extase somnambulique diffère essentiellement du véritable sommeil. Certains partisans du magnétisme, sinon tous, voient entre le somnambulisme dans le simple sommeil et le somnambulisme magnétique cette différence capitale que celui-ci est produit par l'action d'un fluide magnétique. Le premier tort de ce fluide aux yeux de la science, c'est que l'existence n'en est rien moins que démontrée. Au nom de quelle autorité proclame-t-on cette cause mystérieuse ? C'est, dit-on, que les somnambules en ressentent eux-mêmes l'invasion, l'action, les effets. À la bonne heure ; mais un somnambule n'est pas précisément un témoin irrécusable ; c'est un halluciné. Si vous en croyez son dire, il vous faudra ajouter foi à la parole du maniaque qui affirme qu'il a dans son ventre un monstre quelconque. La seconde preuve que l'on apporte de la réalité du fluide, c'est qu'il est jeté, dardé dans le corps du sujet par les passes du magnétiseur : Je ne puis douter des passes, mais le fluide est moins certain. Ni le serpent qui fascine l'oiseau, ni le dompteur de bêtes qui domine un lion, n'ont besoin de disposer d'un fluide. La peur suffit à enchaîner les membres d'un animal ; elle paralyse les nerfs de l'homme lui-même. Que l'ascendant du magnétiseur soit grand, que l'imagination du somnambule le fasse plus grand encore et prépare ses organes à le subir en voilà assez : la crise arrivera. On objecte encore cette différence, que dans le somnambulisme l'esprit du sujet obéit à la volonté de son partenaire, ce qui n'a pas lieu ailleurs. D'abord cette obéissance est fort capricieuse, puis on oublie qu'il est possible de diriger les rêves d'un dormeur ordinaire, témoin cet officier de marine à qui ses camarades faisaient rêver ce qu'ils voulaient, et par exemple qu'il se jetait à la mer pour sauver quelqu'un : sur quoi il se précipita de son lit et s'éveilla en tombant sur le plancher de sa cabine. C'est encore un argument bien faible que celui-ci : le somnambule entend le magnétiseur, mais il n'entend que lui. Cela est possible ; seulement la chose se remarque aussi chez le dormeur ordinaire, qui ne perçoit des bruits du dehors que ceux qui entrent naturellement dans la contexture de son rêve. D'ailleurs certains somnambules, quoique endormis, entendent tout le mondd et répondent au premier venu. On a beau faire, on ne trouve rien qui distingue essentiellement le sommeil magnétique du sommeil naturel, rien par conséquent qui nécessite l'intervention du fluide magnétique. Enfin, et pour comble, ce fluide, dont rien ne démontre l'existence n'explique absolument rien ; ce n'est qu'un embarras de plus. C'est une pure cause occulte, sans réalité à la fois et sans utilité. « En cherchant la cause imaginaire du magnétisme animal, dit M. Arago, on a constaté la puissance que l'homme peut exercer sur l'homme, sans l'intermédiaire immédiat et démontré d'aucun agent physique. On a établi que les gestes et les signes les plus simples produisent quelquefois de très puissans effets ; que l'action de l'homme sur l'imagination peut être réduite en art, du moins à l'égard des personnes ayant la foi. »

Que le magnétiseur agisse sur l'âme du somnambule en frappant son imagination, qu'il excite, en provoquant artificiellement l'engourdissement des organes, certaines facultés qui s'exaltent dans le sommeil, toujours est-il certain qu'il n'a atteint l'âme qu'en passant par les organes, et que tout son ouvrage a été de faire d'un homme éveillé un homme endormi, dont le sommeil, pour être morbide, n'a rien que l'on ne retrouve dans le sommeil ou dans le somnambulisme ordinaire. Ce résultat, il l'a obtenu par une influence qui paraît être morale ; il n'est pas prouvé du tout que cette cause ait eu pour auxiliaire une action physique, de quelque nature qu'elle soit.

Mais si le somnambule magnétique n'est qu'un dormeur qui sommeille, rêve et délire, comment croire qu'il soit doué de facultés extraordinaires ? Comment admettre qu'il y ait en lui une puissance divinatoire ? Il a des visions, des fantômes, des hallucinations, des souvenirs, et son imagination, échauffée par la crise nerveuse, dirigée d'ailleurs par l'artisan du magnétisme, lui suggère des discours où semblent éclater des connaissances et une pénétration refusées aux autres hommes. Vous fierez-vous à ce pauvre malade et à ce fou, vous qui doutez si souvent du témoignage de la science, ou d'une raison saine ? Mais il est inutile de répéter ici contre le somnambule ce qui a été dit au sujet du crisiaque. Pas plus que le crisiaque, le somnambule n'a droit à notre croyance. Le discours du somnambule est, dites-vous, clair et suivi ? Attendez un instant, et vous le verrez tomber dans quelque grossière absurdité. Au lieu de le guider dans son rêve, tendez-lui un piège : il y donnera tristement, et l'ange de tout à l'heure ne sera plus qu'un misérable insensé. « Ses paroles, dit éloquemment M. Lemoine, ses paroles n'ont plus de sens ; c'est un délire ridicule et pitoyable. Les hallucinations se succèdent dans son esprit. Et si vous avez pitié de voir une intelligence raisonnable réduite, sans l'avoir mérité, dans ce triste état, vous la rappellerez aussitôt à la veille et à la raison, et vous croirez que, loin d'avoir été délivrée pendant quelques instants des liens du corps, elle lui est demeurée plus que jamais étroitement enchaînée. »

Sans prétendre tout expliquer et tout éclaircir, l'auteur du livre sur le *sommeil* a mis ce dernier point en pleine évidence. Il ajoute que si la médecine a pu emprunter au magnétisme un heureux secours dans la guérison de quelques cas individuels, l'expérience a prouvé que l'extase artificielle exerce quelquefois une funeste influence. De quelque façon et dans quelque intention qu'on l'emploie, c'est une médication dangereuse. Ces pratiques ne sont pas toujours criminelles, mais elles ne sont pas non plus toujours innocentes. Dans tous les cas, et lors même que la santé du corps n'en serait pas altérée, « l'âme ne peut rien gagner en dignité à perdre l'empire qu'elle exerce sur elle-même, son bon sens et sa liberté… C'est dégrader une intelligence libre et raisonnable que de lui enlever sa raison et sa liberté. »

Charles Lévêque

Ni les analyses judicieuses et discrètes qui préparent ces conclusions, ni ces conclusions elles-mêmes ne satisferont tout le monde. Les professeurs jurés de magnétisme en seront scandalisés pour le moins. Leurs passionnés admirateurs, leurs crédules adeptes en seront contrariés. Il en est de la vérité évidente comme des mets simples et sains ; les estomacs fatigués repoussent ceux-ci ; la curiosité maladive de notre temps n'a plus de goût pour celle-là. Tel qui ne comprend pas ou ne veut pas voir qu'il a une âme immortelle consulte en secret l'âme d'un guéridon ; tel qui se méfie de sa raison se fie sans hésiter à la douteuse lucidité d'une pauvre et ignorante intelligence un instant enflammée par la fièvre. C'est à qui se montrera le plus extrême. Les uns demandent avec une insistance un peu naïve qu'on leur démontre tout, même les choses qui sont d'observation directe, même les principes premiers sans lesquels aucune démonstration n'est possible. D'autres, aussi faciles à satisfaire que ceux-là le sont peu, peuplent d'esprits tous les recoins de l'espace. Ils en mettent dans les meubles, dans les murs, dans le sol qui les porte et dans l'air qu'ils respirent. On les voit évoquer nuitamment l'âme de leurs ancêtres, et apprendre ainsi des nouvelles de l'autre monde : de là des terreurs, tantôt ridicules, tantôt tragiques, auxquelles résistent les têtes solides, mais qui ébranlent les faibles et les envoient aux Petites-Maisons. Ni les défenses réitérées de l'église, ni la voix du bon sens, n'a crainte de prêter à rire aux générations prochaines n'ont pu arrêter les progrès de cette épidémie mentale. La nouvelle magie en est venue jusqu'à se proclamer sans façon fille légitime du spiritualisme ; mais celui-ci renie une telle parenté. Méthodique et patiente, la science ne prend en considération que les phénomènes avérés, et s'applique à découvrir le lien plus ou moins caché qui les rattache aux lois ordinaires du monde intellectuel ou physique ; sa marche est lente, mais elle en est plus sûre. Pour procéder ainsi, il lui faut du courage, car on lui sait moins de gré de la certitude des résultats qu'elle obtient qu'on ne lui reproche le temps qu'elle met à les conquérir. Que lui importe ? A ses yeux, la question n'est pas tant d'aller vite que de bien arriver. Le temps d'ailleurs est un puissant auxiliaire, et qui en amène d'autres avec lui, témoins ces physiologistes autrefois les adversaires, aujourd'hui les amis de la philosophie de l'esprit. Avec leur concours, le spiritualisme, sans cesser de décrire les faits et de poser les lois de la vie éveillée, analyse maintenant les phénomènes et commence à dégager les lois tant de la vie endormie, qui est la moitié de notre existence, que de la vie morbide, qui en est, hélas ! une notable part. Dans celle-ci comme dans la première, sous les organes qui la captivent ou la déchaînent, l'abattent ou l'exaltent, il retrouve avec la même évidence et proclame avec la même foi l'âme raisonnable, active, immortelle, libre quand elle règne sur le corps, asservie, aveugle et profondément digne de pitié quand le corps règne sur elle. C'est par de semblables recherches, et par de plus hautes même, que la philosophie spiritualiste a souvent répondu et répondra encore à ceux qui l'accusent de négliger la théorie pour ne s'occuper que d'histoire et de critique.

Notes

1. La Société médico-psychologique.

2. Les Annales médico-psychologiques.

3. Dictionnaire des Sciences philosophiques, article Sommeil.

4. « Reid, dit M. de Rémusat, en détruisant l'idée-image, a supprimé l'idée-souvenir, » (Essais de Philosophie, t. Ier, p. 234.) Voyez sur ce point la remarquable discussion de M. Lélut dans l'Amulette de Pascal, p. 23.

5. M. A. Lemoine, du Sommeil, p. 265.

6. Des Hallucinations, p. 267.

7. D'après Carré de Montgeron.

8. Maine de Biran, nouvelles Considérations sur le Sommeil, p. 270.

9. On peut consulter sur cette histoire le très intéressant et à mon gré trop petit livre de M. E. Bersot.

ISBN : 978-1546567257